Dubaud.
Examen critique d'un
nouvel opuscule de M. le docteur
Desbarreaux-Bernard.

Q 6506

EXAMEN CRITIQUE

D'UN NOUVEL

OPUSCULE de M. le Docteur DESBARREAUX-BERNARD,

INTITULÉ

l'Imprimerie à Toulouse aux XVe, XVIe et XVIIe siècles,

Par M. L.-J. HUBAUD,

Membre des Académies de Marseille, de Dijon
et d'Archéologie de Belgique.

———·o;o;oo———

MARSEILLE.
TYP. ET LITH. BARLATIER-FEISSAT ET DEMONCHY,
RUE VENTURE, 19.
—
1866.

EXAMEN CRITIQUE

D'UN NOUVEL OPUSCULE

De M. le Docteur DESBARREAUX-BERNARD,

INTITULÉ :

l'Imprimerie à Toulouse aux XVe, XVIe et XVIIe siècles,

Par M. L.-J. HUBAUD,

Membre des Académies de Marseille, de Dijon et d'Archéologie de Belgique.

La première notion de la question typographique entre Toulouse, capitale du Languedoc, et Tolosa ville de la Biscaye, me vint du *Dictionnaire Bibliographique choisi du quinzième siècle par M. de la Serna Santander* (Bruxelles, an XIII, 1805; 3 vol. in-8º) *tom.* 1, *pag.* 385. Ce bibliographe n'ose pas décider entre ces deux villes quoiqu'il penche pour Tolosa: je suivis son exemple. Mais l'art. 5341 du catalogue du D. de la Vallière changea mes idées. L'intitulé en est : *La coronica de España dirigida a la muy alta Princesa serenissima Reyna Doña Ysabel Reyna de España etc., abreviada, por su mandado por Mosen Diego de Valera su Maestre Sala et del su consejo.* En Tholosa (de España) por

Henrico Mayer Enel 1489 in-fol. goth. Les deux mots (*de España*) entre deux crochets, ne sont pas dans la souscription, et ont été ajoutés par Guillaume de Bure, rédacteur du catalogue, qui a voulu consigner son opinion fondée sur la fin de l'épître dédicatoire à la reine Isabelle, que nous transcrirons plus bas, par laquelle il lui était démontré que Henri Mayer avait son atelier typographique à Tolosa d'Espagne. J'adoptai son avis et j'y fus confirmé par la lecture du *Discours bibliographique* de Née de la Rochelle, mis en tête du tome x de la Bibliographie instructive de de Bure jeune, page xx. Ainsi, lorsque je fus chargé par l'Académie de Marseille de faire le rapport d'une brochure de M. le docteur Desbarreaux-Bernard, relative à l'imprimerie de Toulouse, j'étais déjà préparé, et au fait de la question. Dans le temps que je m'en occupais, je fus averti que la bibliothèque publique de Marseille possédait l'édition de *la Coronica* de Diego de Valera, imprimée par Henri Mayer en 1489. Je l'empruntai, je l'emportai chez moi, où je la lus et l'examinai avec grande attention et tout à mon loisir. Je fus dès lors convaincu qu'une partie des éditions qu'on croyait dévolues à Toulouse, étaient dues à Tolosa d'Espagne.

Je fis mon rapport sous le titre : EXAMEN CRITIQUE D'UN OPUSCULE INTITULÉ: *Quelques recherches sur les débuts de l'imprimerie à Toulouse par M. le Docteur Desbarreaux-Bernard*. Dans mon rapport je réfutai victorieusement les nombreuses erreurs dans lesquelles s'était laissé entraîner l'honorable académicien. J'en fis tirer à part 100 exemplaires que j'adressai à diverses académies et à plusieurs personnes afin qu'elles ne se laissassent pas séduire par les raisonnements captieux et hasardés du bibliothécaire de l'Académie de Toulouse. Mon examen fut accueilli favorablement (1), et j'avais absolument perdu la chose de vue. Cependant après un laps de sept années (2), employées par l'honorable Docteur à voyager, faire de nouvelles recherches, ramasser tout ce qu'il jugeait favorable à son système, il vient de faire paraître un nouvel opuscule sous le titre : *L'Imprimerie à Toulouse aux* xv\ *xvi\ et xvii\ siècles par le D. Desbarreaux-Bernard,* Toulouse, 1865, in-8° de 31 pages, plus deux feuillets de tableaux, et c'est maintenant à cette brochure que j'ai à répliquer.

Sans chercher à justifier les erreurs que je lui ai reprochées, sans essayer de combattre mes raisonnements, M. le D\ Desbarreaux-Bernard se contente de poser ces deux propositions :

1° Tolosa n'a pas eu et n'a pu avoir une imprimerie dans le xv\ siècle.

(1) Des personnes, des bibliographes même (que je citerais, s'il m'était permis), qui d'abord s'étaient laissé prendre au ton d'assurance avec lequel s'était exprimé M. D. B., ayant ensuite lu mon *Examen critique,* et en ayant vérifié la justesse, sont revenus de leur confiance prématurée et se sont définitivement rangés à mon opinion.

(2) Sept années pour répondre à une petite brochure in-8°, de 40 pages de 29 lignes à la page. Caractère St-Augustin.

2° Toutes les impressions portant pour indication de lieu Tolosa ont été exécutées exclusivement à Toulouse en Languedoc.

Quel est son argument contre la ville biscayenne? Tolosa, dit-il, était une petite ville dont la population atteignait à peine 5000 habitants. J'observe qu'à la même époque beaucoup de petites villes et même de simples bourgs jouissaient du bienfait de l'imprimerie; je citerai:

Trévi, Munster, Cagli, Pievo di Sacco, Ascoli, Colle, Tusculano, Hasselt, Chablis, Nonentola, Soncino, Novi, Casalmaggiore, Kuttenberg, Nozani Bréand-Lodéhac. Dans ce nombre, Trévi, Munster, Tusculano, Nozani, Bréand-Lodéhac sont de simples bourgs bien moins importants que Tolosa. La première proposition de M. D. B. n'est donc pas valable et se trouve réfutée. Passons à la seconde. Voici son argument.

L'édition de la traduction française de l'*Imitation de Jésus-Christ* a été faite à Toulouse; elle a été imprimée par Henri Mayer, donc tous les livres sous le nom de Henri Mayer ont été imprimés à Toulouse.

Doucement, M. le docteur, on ne vous accorde pas, et il n'est pas reconnu que la traduction française de l'*Imitation de Jésus-Christ* a été imprimée à Toulouse. C'est justement ce que vous auriez dû prouver, car c'est là le nœud de la question.

Une des preuves alléguées par M. Desbarreaux-Bernard consiste dans le filigrane du papier. Ce n'est

pas une marque certaine pour déterminer le lieu où l'impression a été exécutée. Voici ce que je disais dans mon *Rapport sur un mémoire de M. Constanzo Gazzera contenant des observations bibliographiques et littéraires au sujet d'un opuscule faussement attribué à Pétrarque :* « Tout en applaudis-
« sant aux recherches et à la critique du savant
« bibliothécaire de Turin, qui se montre profondé-
« ment versé dans les matières bibliographiques,
« je ne dois pas dissimuler combien me semble
« faible l'induction qu'il prétend tirer du filigrane
« du papier, en admettant même que celui de la
« *roue dentée* fut affecté exclusivement aux pape-
« tiers de Lyon et du voisinage. De son aveu la
« Hollande, et peut-être les Pays-Bas, faisaient venir
« de France le papier dont ils avaient besoin. Les
« imprimeurs qui avaient à publier un ouvrage un
« peu étendu, ne pouvant se procurer dans une
« seule fabrique tout le papier qui leur était né-
« cessaire, étaient forcés de s'adresser à plusieurs,
« d'avoir même recours à celles qui étaient placées
« à des distances éloignées. Il s'ensuit que les pape-
« tiers de Lyon se trouvaient dans le cas de fournir
« du papier à d'autres villes, non-seulement de
« France mais encore des pays voisins et étran-
« gers. Or, parmi les éditions dues, selon M. Gaz-
« zera, aux presses de Lyon, ne pourrait-il pas
« s'en trouver qui eussent été imprimées autre
« part quoique sur du papier provenant des manu-

« factures de cette ville ? Dans cette hypothèse,
« l'inspection de la marque du papier offrirait peu
« d'utilité et des lumières bien incertaines. »
M. Brunet, à qui je communiquai mon rapport, approuva pleinement ce raisonnement.

« Il est fâcheux, » nous dit M. D.-B. « que M. Brunet
« qui, dans les deux premières éditions du *Manuel*,
« avait formulé son opinion en faveur de Toulouse,
« l'ait singulièrement modifiée dans les trois der-
« nières de ce *Manuel*. » M. le docteur aurait dû
comprendre que l'éminent bibliographe ne l'a pas
fait sans cause, et sans avoir obtenu de nouveaux
éclaircissements. M. Brunet exprime encore mieux
son doute dans les deux dernières éditions du *Manuel*,
art. VORAGINE (*Jacobus de*) *Legenda aurea. Tholosa,
Parix* (*absque anno*), pet. in-fol. Après avoir cité
cinq vers latins qui suivent la table, il ajoute : « Ces
vers font connaître que le volume a été imprimé à
Tholosa par Parix, mais ne nous apprennent rien
sur la date, et il reste à savoir si par Tholosa « on
« doit entendre Toulouse en Languedoc ou Tolosa
« en Biscaye. » (*Manuel du libraire*, 4ᵉ édition,
tom IV, p. 688, et 5ᵉ édition, tom. V, col. 1367-68).

M. Desbarreaux-Bernard me gourmande fort au
sujet de cette pauvre *Imitation* et prétend que je
n'ai pas craint de m'inscrire en faux contre l'opinion
de Van Praet qui, dit-il, n'hésite pas à regarder l'*Imitation* comme ayant été imprimée à Toulouse, et
pour le prouver, il cite les phrases dont se sert

Van Praet, savoir : « On n'a pas pu décider encore
« si cette édition est de Tolosa en Espagne ou de
« Toulouse en France, et ce n'est pas précisément
« parce que ce livre est imprimé en français qu'on
« peut le soupçonner d'avoir vu le jour dans cette
« dernière ville, quoique l'imprimeur allemand
« Henri Mayer ait imprimé plusieurs ouvrages es-
« pagnols, mais c'est à cause que cet imprimeur,
« en s'établissant dans une ville si voisine de l'Es-
« pagne et où son université si célèbre attirait un
« grand nombre d'étudiants espagnols, dut avoir
« un débit prompt et assuré des livres exécutés
« dans la langue de leur pays. » Je ne m'inscris pas
en faux contre l'opinion de Van Praet, mais bien
contre le sens que lui assigne M. D.-B. Comment
peut-il soutenir que Van Praet n'hésite pas à regarder
l'*Imitation* comme ayant été imprimée à Toulouse,
tandis que ce bibliographe a soin d'avertir *qu'on n'a
pas pu encore décider si cette édition est de Tolosa
en Espagne ou de Toulouse en France.* Il est impos-
sible de mieux préciser son indécision confirmée
par ce qui suit : *Qu'on peut le soupçonner* (et non
pas qu'on le soupçonne).... *en s'établissant dans
une ville si voisine de l'Espagne.* (Toulouse n'étant
pas frontière de France n'est pas si voisine de l'Espagne) *et où son université si célèbre attirait un
grand nombre d'étudiants espagnols, dut avoir* etc.
Ainsi ce n'est plus qu'un simple soupçon fondé
sur la pensée du grand nombre d'étudiants espa-

gnols qui fréquentaient l'université de Toulouse. Il resterait à prouver ce grand nombre d'étudiants espagnols, au moyen des histoires du temps et surtout par les registres de l'université de Toulouse s'ils se sont conservés. Je répète mon objection : Les étudiants espagnols, au mépris de la gloire et de la vanité nationales, pour venir à Toulouse, eussent été obligés de traverser les Pyrénées, de solliciter et d'obtenir la permission de passer en France. Là, ils trouvaient, à la vérité, une université célèbre, mais où six professeurs, quelques *doctes et résolus jurisconsultes qu'ils en fussent en toute l'Europe* (sic), avaient à tenir tête jusqu'à dix mille étudiants (1), ce qui revenait à seize cent cinquante écoliers pour chaque professeur. L'instruction qu'ils espéraient en tirer devait être bien légère, bien incomplète ; tandis que, sans sortir de leur pays, ils trouvaient à leur porte l'université de Salamanque encore plus célèbre, et où soixante professeurs, sans compter bon nombre de prétendants, pouvaient suffire à l'instruction de sept mille écoliers. La permission pour les Espagnols de résider à Toulouse devait être difficile à obtenir et très-limitée. A l'époque où l'Angleterre et la France guerroyaient l'une contre l'autre, je le

---

(1) Venus des différents pays avec lesquels la France était en paix, mais non de l'Espagne qui, gouvernée par Jean II, roi d'Aragon, son fils Ferdinand V, dit le Catholique, et Isabelle, femme de ce dernier, faisait une guerre acharnée à la France.

Je fais remarquer à M. Desbarreaux-Bernard, que j'obéis à son invitation *d'accepter galamment la description de l'Université de Toulouse.*

demande, voyait-on beaucoup d'Anglais à Marseille et à Bordeaux? Ces considérations doivent nous éclairer sur le petit nombre d'étudiants espagnols, s'il s'en trouvait qui fréquentassent l'université de Toulouse. Ils s'exposaient d'ailleurs, vu la rivalité entre les deux nations, à des rixes fréquentes avec les étudiants français qui, beaucoup plus nombreux qu'eux, les eussent fort maltraités. Cette raison eût suffi pour les détourner de venir en France.

M. Desbarreaux-Bernard (p. 18 de son plaidoyer) dit : « Nul mieux que M. Brunet, cependant, n'a
« été en position de lever tous les doutes à cet
« égard. Son *Manuel* renferme depuis longtemps
« la description des livres imprimés par Mayer, et
« il lui eût été facile, à l'aide d'un simple rappro-
« chement de dates, de mettre à néant le raison-
« nement spécieux de M. Née de la Rochelle, et de
« La Serna Santander.

« Voici, par ordre de dates, les ouvrages signés
« par Mayer, et dont nous avons pu jusqu'à présent
« relever les titres : » M. D.-B. cite huit ouvrages, mais dont quatre seulement sont mentionnés dans le *Manuel*, il poursuit : « En examinant attentive-
« ment la date de ces divers ouvrages, M. Brunet
« en eût conclu qu'ils avaient été évidemment im-
« primés dans la même ville. »

« Tout le monde aurait compris, et il n'eût pas
« eu besoin de les énumérer, le nombre et le genre
« de difficultés à surmonter à cette époque pour

« qu'il fût possible au même imprimeur de faire
« rouler ses presses dans des localités diverses, et
« à plus forte raison dans des pays différents. »

Nous sommes d'accord jusque là ; poursuivons :
« Il aurait fait remarquer que Mayer imprimant le
« 23 mai 1488 à Thoulouse la traduction française
« de l'*Imitation de Jésus-Christ* et, par conséquent,
« dans la même ville, le 22 octobre de la même
« année, des commentaires en latin sur la *Cité de*
« *Dieu*, de Saint-Augustin, ne pouvait pas, quel-
« ques mois après, imprimer à *Tolosa* de Bis-
« caye *la Coronica de España ;* une pareille sup-
« position étant tout à fait inadmissible. » Halte-
là ! M. D.-B., nous n'accordons point que Mayer ait
imprimé à Toulouse cette traduction de l'*Imitation*. Nous soutenons qu'elle part de Tolosa. Poursuivons :

« Il eût ainsi démontré que Mayer n'eut qu'un
« seul établissement et que cet établissement était
« à Toulouse. Est-il supposable, en effet, si Mayer
« faisait rouler ses presses en Espagne, qu'il eût
« songé à publier un livre français, avant d'avoir
« mis au jour un seul livre espagnol ? »

M. D.-B. est-il bien certain que Mayer n'ait pas
imprimé, avant l'*Imitation*, quelques livres espagnols aujourd'hui perdus ou ignorés ? et M. Brunet,
en procédant comme l'aurait désiré M. D. B., serait-
il arrivé nécessairement au résultat que celui-ci
suppose ? Non, car nous sommes assuré que cette

traduction française de l'*Imitation* a vu le jour à Tolosa de Biscaye, où Henri Mayer avait établi son atelier typographique, comme il sera démontré ci-après. Donc tous les livres, sans l'indication du lieu *Tolosa*, imprimés par Henri Mayer, sont sortis de cette ville espagnole.

M. D.-B. se cramponne toujours fortement à cette traduction française de l'*Imitation*. C'est son cheval de bataille ; il se fortifie d'une réponse de Don Pablo Gorozabel, un des hommes, dit-il, les plus érudits de Tolosa, et cette réponse la voici : « La « ville de Tolosa, fondée vers le milieu du treizième « siècle, était au quinzième de trop peu d'impor- « tance pour posséder une imprimerie. L'impri- « rie ne pénétra en Guipuscoa que vers la fin du « dix-septième siècle. Le premier imprimeur qui se « présenta dans cette province arriva de Santander « vers l'année 1650, mais dépourvu du matériel « suffisant pour imprimer un livre. Ce fut un cer- « tain Martin Ugarte qui, le premier, en 1667 établit « ses presses à Saint-Sébastien et qui obtint le titre « d'imprimeur de la province avec cet avantage « qu'il imprimerait seul dans tout le Guipuscoa. « Rien n'indique qu'il y ait eu des imprimeurs à « Tolosa avant le milieu du dix-huitième siècle, et le « premier typographe qui s'y établit fut un certain « Francisco de la Lama : le nom de Tolosa a tou- « jours été écrit sans *h*. » Dans notre premier *Examen* nous avons prouvé par des citations combien est fausse l'assertion de l'absence constante de la lettre *h* dans le nom *Tolosa*. Les tableaux annexés à la brochure de M. D.-B., contiennent vingt ouvrages imprimés à *Tolose* ou *Tolosa* sans *h*. D'après l'assertion de Don Gorozabel il s'ensuivrait que ces vingt ouvrages devraient être dévolus à Tolosa de Biscaye. Le fait est que la présence ou l'absence de l'*h* dans le nom des deux villes homonymes ne préjuge rien en faveur de l'une ni de l'autre. Toute l'érudition de Don Gorozabel ne l'a pas empêché d'ignorer que nombre de petites villes, de simples bourgs même de moindre importance que Tholosa possédaient des imprimeries au quinzième siècle, et qu'à ce titre Tholosa pouvait bien avoir le même avantage. Ces deux erreurs de sa part, avancées avec tant de témérité, sur deux faits complètement faux, montrent en lui un auteur fort mal instruit, qui ne mérite guère de foi pour ses autres assertions.

On s'aperçoit, d'après cette déclaration, que Don Gorozabel parle d'après son imagination et non d'après des connaissances bibliographiques, dont il n'a pas la moindre teinture, indispensables pourtant dans des discussions telles que celle dont nous nous occupons. En preuve de l'utilité et même de la nécessité des études bibliographiques, je copierai le passage suivant du *Manuel du Libraire*, 5me édition, tome **I**, préface, page XIX, col. 1, dans laquelle le savant auteur dit si judicieusement : « L'étude de « la bibliographie, si aride en apparence pour qui

« ne la considère que superficiellement, est loin,
« pour qui l'examine de plus près, d'être dépourvue
« d'un certain charme. Elle offre à l'esprit de l'ob-
« servateur bien des faits curieux, bien des anec-
« dotes piquantes, bien des rapprochements singu-
« liers. Voilà pourquoi, sans doute, bien des hommes
« de lettres distingués, des poètes même, se sont
« livrés à cette étude avec autant d'ardeur que de
« succès. Et, pour me borner à quelques exemples
« illustres, je dirai qu'en Italie le poète Zeno, en
« Autriche Michel Denys, le traducteur allemand
« d'Ossian, en Angletrre Dibdin, et, enfin, chez nous
« Charles Nodier, cet écrivain aimable dont la mort
« prématurée a causé des regrets si vifs à ses
« nombreux amis, en ont fait tous les quatre leur
« délice (1). Mais le fait le plus concluant, peut-
« être, en faveur de cette étude, c'est que souvent,
« parmi les gens de lettres, ceux qui semblaient en
« faire le moins de cas, ceux qui conséquemment
« l'ont le plus négligée, ne manquent pas, toutes les
« fois que l'occasion s'en présente, de faire parade
« de connaissances bibliographiques, sans se douter
« le moins du monde, que leur inexpérience en ce
« genre les jette par fois dans d'étranges méprises,
« et leur fait porter bien des jugements erronés. »
Don Gorozabel ne peut-il pas être compté dans le
nombre de ces hommes de lettres qui, au lieu de se

(1) Je pourrais encore citer en France Naudé, La Monnoye, Larcher, Chardon de la Rochette, etc. (Note ajoutée par moi.)

— 16 —

juger incompétents, veulent discuter sur des matières qu'ils ne comprennent pas ou qu'ils savent mal, tandis qu'ils ont des titres plus fondés à faire valoir? Tant il est vrai, comme le dit un certain comique,

Mais les hommes, souvent, veulent qu'on fasse cas,
Moins des talents qu'ils ont que de ceux qu'ils n'ont pas.

M. Desbarreaux-Bernard parle du *silence absolu* gardé sur les productions typographiques de la capitale du Guipuscoa, par Mendez et Caballero. Je ne suis pas à même de consulter les ouvrages de ces bibliographes, mais M. Brunet, dans une de ses lettres, me renvoie à l'article du premier sur Tolosa (*emprenta de Tolosa*) qu'il dit être *dudosa*. Mendez n'a donc pas gardé un *silence absolu*. En 1790 et 1796, époque où parurent leurs ouvrages, on ne s'était pas encore occupé sérieusement de la question entre Toulouse et Tolosa, ou bien ils n'avaient pas su se procurer les documents nécessaires (1).

(1) *La Coronica de España*, abreviada por Diego de Valera : *Tolosa*, Henri Mayer, 1489 in-fol. goth. — Cette édition est si rare que le seul exemplaire qui ait passé dans les ventes, quoique très-piqué des vers, fut vendu 30 fr. chez le D. de la Vallière, n° 5341 de son catalogue. Cette édition n'est citée que par N. de la Rochelle et par Guill. de Bure. Le premier, parait même avoir négligé de consulter et lire l'Epître dédicatoire de l'imprimeur à la reine Isabelle, mise à la suite de la *Coronica*, car il n'en fait aucune mention. Guill. de Bure, mieux avisé, s'en est servi utilement pour déterminer Tolosa d'Espagne comme lieu d'impression, et c'est d'après lui que j'ai étudié cette épître. Si d'autres bibliographes ne l'ont pas citée, c'est qu'ils n'ont pas eu occasion de la lire et ont cru qu'elle n'était intégralement que la copie de celle de Michel Nachaver (édition originale de *Séville*, 1482, in-fol.) placée également à la fin du volume, et conséquemment n'ont pas remarqué les particularités qui les distinguent.

De son propre aveu, M. Desbarreaux-Bernard a contre lui Née de la Rochelle, La Serna Santander, Gabriel Peignot, Barbier, Guillaume de Bure, Van Praet, Laire, M. Gustave Brunet, M. J. Ch. Brunet, c'est-à-dire les premiers bibliographes de France qui tous reconnaissent que Tolosa d'Espagne pouvait bien avoir une ou deux imprimeries dans le xve siècle. Hé ! quoi ! se flatte-t-il que son autorité privée prévaudra sur celle de ces savants ! Je le conçois pourtant de sa part ! S'il était une fois admis que cette ville eût été privée de ce bienfait, toute contestation cesserait et Toulouse resterait définitivement en possession de toutes les éditions qui ont paru sous les noms de *Tholosa, Tolosa, Tholouse, Thoulouse.*

Quant au mot *iturissa*, j'avais reproché à M. D.-B. non pas d'en avoir fait un mot latin, ce qui n'eût été qu'une peccadille, mais d'avoir dit, ce qui est bien autrement grave : « Une raison plus forte en-
« core et que le simple bon sens aurait dû indiquer
« à nos contradicteurs, c'est qu'il était d'usage pour
« tous les livres imprimés en latin, de placer au
« titre ou à la souscription, le nom romain de la
« ville au lieu du nom moderne. Or le nom romain
« de Tolosa d'Espagne est *Iturissa*, et je ne l'ai
« trouvé dans aucun des livres latins que l'on a
« voulu attribuer à la ville espagnole. On comprend
« que, pour des livres imprimés en espagnol, on
« trouve le nom vulgaire de Tolosa, mais pour des

« livres latins, l'absence constante du nom antique
« me paraît une preuve décisive. »

Venons enfin à la fameuse pièce invoquée par M. Desbarreaux-Bernard comme une preuve irréfragable en faveur de sa thèse. « Il existe, dit-il, à Madrid, dans la bibliothèque du ministère *du Fomento*, une traduction de Boèce, en langue romano-patoise, dont voici le titre et la souscription finale : *Boecio de consolacion, tornado de latin en romance, por el muy reverendo padre fray Anton Genebreda, maestro en la santa theologia, de la orden de los predicatores de Barcelona.* — A la fin de la seconde colonne de la dernière page on lit : *A qui fenece el libro de consolacion de Boecio | el qual fue impreso en Tolosa* DE FRANCIA | por *el maestro Enrique Mayer aliman | e acabose a quatro dias del mes de julio. Año del nasçimiento de Ntro Señor ihuxpo — de mille* quatro cientos e ochenta — e ocho años (1488) — imprimé à *Tholosa* DE FRANCE ! Entendez-vous, M. Hubaud ! et par Henri Mayer ! précisément la même année, et deux mois après qu'il eût publié l'*Imitation de Jésus-Christ* à propos de laquelle vous vous écriez pag. 31 : « La *fameuse Imitation de Jésus-Christ*, ce palladium sous lequel s'abrite M. Desbarreaux, qui porte *la souscription décisive de Tholosa*. Oui, *décisive*, non pas en faveur de Toulouse en Languedoc, comme il l'entend, mais en faveur de Toulouse en Biscaye. »

Oui, monsieur le docteur, *j'entends très-bien*, et

après avoir *médité en paix*, je réponds : La souscription de Boèce telle que vous nous la donnez, sur le rapport d'autrui, m'est terriblement suspecte. Les mots *de Francia* font-ils partie de la souscription ? En ce cas, il serait bien surprenant que Mayer ne les eût ajoutés dans aucune autre de ses éditions. S'il eût résidé à Toulouse, il n'aurait pas eu l'idée de faire suivre le mot *Tolosa* des deux autres mots DE FRANCIA, qui n'auraient rien appris dans un temps où l'on ignorait complètement en France qu'il y eût une ville du même nom en Espagne. Il est clair que l'addition des deux mots DE FRANCIA n'a pu être faite que longtemps après, et lorsque s'est élevé le conflit entre les deux Tolosa, et qu'elle est le fait du rédacteur du catalogue, qui, partageant les errements de M. D.-B., a cru faire preuve d'intelligence en ajoutant les deux mots DE FRANCIA, ce qui était purement son opinion personnelle, tout comme nous avons dit que l'a fait Guillaume de Bure dans la souscription de la *Coronica de España*, (Tolosa, H. Mayer 1489 in-fol.) avec la différence que l'opinion de ce bibliographe était fondée sur des phrases de l'Epître dédicatoire au lieu que rien ne vient à l'appui de l'opportunité de ces deux mots dans le *Boèce*. Or, dès que les deux mots DE FRANCIA n'ont pas été imprimés par Henri Mayer, ils sont sans valeur aucune.

M. le docteur Desbarreaux-Bernard finit par la mention d'un incunable, qui, à lui seul, aurait pu servir d'argument, intitulé : *Arrestum querele de novis dysaysinis* qui porte la souscription suivante : *impressum Tholose juxta pontem veterem anno Domini* M.CCCC. LXXIX (1479). M. D.-B. déplace la question, il ne s'agit pas de constater qu'on imprimait à Toulouse à cette époque : nous le reconnaissons ; nous lui adjugeons volontiers cette édition ; mais il s'agit de décider si Henri Mayer avait son établissement à Toulouse plutôt qu'à Tolosa.

Après avoir rapporté les arguments invoqués par M. Desbarreaux-Bernard et les avoir réfutés victorieusement, je vais exposer le mien. Je le reproduis avec quelques développements puisque cet académicien n'a pas même essayé de le combattre.

Dans le nombre des volumes imprimés par Henri Mayer on compte *la Coronica de España,* mentionnée au commencement de notre travail. L'ouvrage est suivi d'une épître dédicatoire à la reine Isabelle d'Espagne, par l'imprimeur Henri Mayer, épître précieuse par les détails et les notions qu'elle nous fournit. Il y est dit : ..... « De los quales
« Alemanos es vno Henrico Mayer de maraviglioso
« ingenio y doctrina muy esperto de copiosa me-
« moria familiar de vuestra alteza. A honra del sobe-
« rano et immenso dios vno en essençia y trino en
« personas. E a honra de vuestro Real estado y
« instruçion y auiso de los de vuestros Reynos y
« comarcanos en la muy noble çibdad de Tholosa. »
Après le mot *Tholosa,* il reste, pour finir la ligne,

un espace blanc de la longueur de quatre millimètres. Ensuite, à la ligne, vient la souscription :
« Fue impresa por el dicho Henrico enel año del
« nasçimiento de nuestro Saluador Ihesu Christo de
« mill y quatro çientos et ochenta y nueve años. —
« Deo graçias.» Les mots *familiar de vuestra Alteza*
font connaître qu'il avait le droit de prendre cette qualité en tant qu'il était établi à Tolosa d'Espagne. Car, s'il eût eu son établissement à Toulouse en Languedoc, j'ai trop bonne opinion de l'autorité toulousaine pour penser qu'elle eût souffert qu'il se dît au service d'une reine ennemie, puisqu'alors l'Espagne était en guerre avec la France, et qu'elle eût ordonné la suppression de l'épître dédicatoire sans utilité pour lui et dont les expressions n'avaient aucun rapport et même auraient été en contradiction avec son séjour en France. Observons bien que le mot *Tholosa* est le dernier mot de l'alinéa où il se trouve, qu'il fait corps avec les mots précédents *vuestros Reynos y comarcanos*, et conséquemment que cette ville est désignée comme comprise dans les Etats sous la domination d'Isabelle ; Toulouse ne l'a jamais été. A cet alinéa se termine l'épître dédicatoire. Groupons maintenant les indications qu'elle renferme : 1º Elle est adressée à la Reine d'Espagne, Isabelle, par l'ordre de laquelle cette chronique abrégée avait été composée ; 2º l'imprimeur lui parle comme à sa souveraine, se réclame d'elle, lui rappelle qu'il est depuis bien longtemps (*de copiosa memoria*) à son service (*familiar de*

uestra Alteza), et, par conséquent, devenu son sujet; il y est expressément déclaré que l'édition en est faite pour l'instruction et l'enseignement des gens de ses royaumes (de Castille, de Léon, d'Aragon, de Sicile) et des pays contigus (qui n'étaient pas érigés en royaumes, tels que la Biscaye, la Cerdagne, le Roussillon, etc.) dans la très-noble cité de Tholosa (qui, enclavée dans la Biscaye, faisait conséquemment partie des Etats d'Isabelle). — Peut-on supposer qu'un imprimeur allemand, qui aurait été fixé en France, eût imprimé un ouvrage espagnol, composé uniquement pour des Espagnols dont il flattait la vanité au désavantage des Français (répétant les forfanteries d'un Bernard de Carpio, disant qu'un Espagnol devait battre trois Français), l'eût dédié à une reine d'Espagne en se reconnaissant son serviteur, attaché à son service, et cela pendant un temps qu'elle était en guerre avec le pays où il avait reçu l'hospitalité? Au lieu que cela se conçoit très-bien de la part d'un imprimeur allemand établi à Tolosa, ville de la Biscaye, dont Isabelle était souveraine. Si Henri Mayer eût résidé à Toulouse, c'est principalement pour cette édition qu'il eût dû faire suivre le nom de *Tholosa* des deux mots DE FRANCIA, pour mieux préciser le lieu d'impression et ôter tout sujet d'ambiguité à cet égard. Deux considérations viennent encore à l'appui. Le point, seule marque de ponctuation qui se voie dans cette édition de *la Coronica*, se trouve généralement placé entre deux espaces inégaux, celui de devant plus fin et celui d'après plus fort, suivant la méthode adoptée par les imprimeurs en Espagne, tandis que les imprimeurs en France le placent toujours immédiatement après le dernier mot de la phrase. L'autre considération gît dans ces mots de la souscription : *En la muy noble cibdad de Tholosa*. Ces épithètes pompeuses, familières dans les éditions de fabrique espagnole (1), ne se présentent jamais, que je sache, dans les livres imprimés en France.

Outre cette édition de la *Coronica de España* faite à Tholosa, on en connaît neuf autres, toutes exécutées dans des villes d'Espagne.

(1) Dictionnaire raisonné de bibliologie, par G. Peignot. *Paris, Vallier*, 1802, 3 vol. in-8°, tome II p. 13.
Je citerai entre autres :
Compilacion de las batallas campales etc., in fine : *en la muy noble e leal cibdad de Murcia* por manos de maestre Lope de la Rocca aleman impressor de libros lunes xxvɪɪj dias de mayo año de mil e cccc lxxxvɪj años, in-fol. (Hain, *Repertorium bibliographicum..*, n° 5571.)
Bernardi de Breydenbach, *Viaje de la Tierra-Santa...* en *la muy insigne y noble Cindad de Çaragoça de Aragon...* acabada a xvɪ dias de Enero en el año de nuestra Salud m cccc xcvɪɪɪ in-fol. (id. n° 3965).
Cominica las coplas del dicho Fernand Perez de Gusman... fueron impresas estas coplas *en la muy noble et muy leal Cibdad de Sevilla* por maestro Ungut, aleman, et Lancelo polono, companneros a vɪɪɪ dias de mil et quatro cientos et noventa et dos años, grand in-4° (id. n° 8339).
Salustio traducido en Castellano, por Francisco Vidal de Noya.., fue la presente obra acabada e de nueuo emendada per industria e espensa de Paolo de Hurns de Constancia, aleman, *en la insigne Ciudad de Saragoza* año mil quatrocientos e l xxxxɪɪj, in-fol. gr. ch. (id. n° 14234).
Las Obras de Seneca, imprimidas en la muy noble et muy leal *cibdad de Sevilla* por Meynardo Ungut, aliman, et Stanilao Polono, compañeros. En el año del nacimiento del señor mil quatro cientos et noventa et vno años a veinte et ocho dias del mes de mayo in-fol. (id. n° 14596).
Proverbios de Seneca con la glosa acabados *en la muy noble Cibdad de Toledo*, imprimidos per maestro Pedro Hagenbac, alleman, a dies dias del mes de febrero año del nuestro Salvador de mil et quinientos años in-4° id. n° 14663.

Je répète donc qu'étant bien avéré que Henri Mayer avait son atelier typographique à Tolosa d'Espagne, il s'ensuit nécessairement que toutes les éditions, publiées sous la rubrique de Tholose ou de Tholosa, souscrites de son nom, entre autres la traduction française de l'*Imitation de Jésus-Christ*, ont vu le jour dans cette ville espagnole, et non dans Toulouse du Languedoc.

M. Desbarreaux-Bernard oppose à cela qu'il n'est pas supposable que si Mayer faisait rouler ses presses en Espagne il eût songé à publier un livre français avant d'avoir mis au jour un seul livre espagnol. M. le Docteur est-il bien certain que l'*Imitation* soit le premier livre sorti de ses presses? Les anciens imprimeurs, lorsqu'ils jugeaient à propos de se nommer, étaient dans l'usage d'annoncer le premier fruit de leur industrie.

Les mots : *De copiosa memoria familiar de vuestra Alteza* qu'on lit dans l'épître dédicatoire de Henri Mayer à la reine Isabelle, nous apprennent qu'à cette époque, 1489, il était depuis longtemps au service de cette princesse, sans doute, son imprimeur. Dans l'intervalle du temps qui s'était écoulé entre l'époque où il était entré à son service, et cette année, 1489, il n'avait pas été oisif (1), et avait certainement fait paraître divers ouvrages, pour la plupart latins ou espagnols, aujourd'hui égarés ou perdus.

Tout à la fin de la même épître, ne désigne-t-il

---

(1) Henri Mayer était très-actif, puisque trente-six jours seulement après avoir publié *la imitacion*, il fit paraître le *Boecio*, cité par M. D.-B.

pas Tholosa comme comprise dans les pays adjacents (*comarcanos*), et conséquemment comme ville d'Espagne ? Au contraire, peut-on, en conscience, y découvrir un seul mot applicable à Toulouse du Languedoc ?

Mais pourquoi, direz-vous, la traduction française de l'*Imitation* a-t-elle été imprimée en Espagne plutôt qu'en France ? Je vais exposer comment je comprends la chose. Cette traduction, qui était du domaine théologique, ayant été, comme d'usage, soumise à l'examen de l'autorité ecclésiastique de France, encourut la censure à cause de quelques passages qui parurent avoir été rendus d'une manière peu orthodoxe. De là opposition à l'impression. Cette défense obligea le traducteur à recourir à une imprimerie étrangère, puisque celles de France lui étaient interdites. Tholosa fut choisie, comme une petite ville peu peuplée, où il y aurait moins d'yeux ouverts, moins de personnes influencées, outre que l'autorité ecclésiastique espagnole, peu familiarisée avec les subtilités de la langue française, n'apercevrait pas ce qui avait motivé la censure en France. Je suis confirmé dans ma pensée en ce que, quelques années plus tard la même traduction fut imprimée en France (*Paris, Jean Lambert,* 1493, pet.-in-4° goth.), mais avec quelques changements (1) dans les endroits qui avaient alarmé la

---

(1) *Manuel du libraire*, 4° édition tome II, p. 677 et 5° édition tome III col. 419.

conscience des examinateurs français, car sans cela l'interdiction eût été maintenue ou renouvelée.

M. Desbarreaux-Bernard doit combattre mon argument tiré de la fin de l'épître dédicatoire à la reine Isabelle, examiner si j'ai ajouté, supprimé, ou altéré les mots qui la composent; prouver que Tholosa, dont il y est fait mention doit, s'entendre de Toulouse du Languedoc; prouver que cette ville faisait partie des pays adjacents (*comarcanos*), sujets d'Isabelle. Si M. D.-B. n'y parvient pas, mon argumentation conserve toute sa force, et il faut qu'il convienne franchement qu'il s'agit ici de Tolosa en Biscaye; que c'était là qu'Henri Mayer avait son imprimerie, et que c'est de là que sont sorties toutes les éditions souscrites des noms de Tolosa et de Henri Mayer.

Le défaut des arguments de M. D.-B. consiste en ce qu'il prétend établir comme preuve l'*Imitation* qui précisément fait le sujet de la contestation, et que nous regardons comme tout à fait contraire à son opinion, et concluant en notre faveur.

Que demande M. Desbarreaux-Bernard?

Que nous reconnaissions les établissements et les avantages dont Toulouse jouissait au quinzième siècle? — Nous les reconnaissons.

Que nous reconnaissions, que, dès le quinzième siècle, Toulouse possédait des imprimeurs? — Nous le reconnaissons.

Que l'incunable *Arrestum querele de novis dysaysinis: impressum Tholosa juxta pontem veterem*,

1479, a été imprimé à Toulouse (1), ainsi que d'autres volumes, nommément ceux qui figurent avec l'indication de lieu Tholosa dans les tableaux annexés à la brochure de M. le docteur Desbarreaux-Bernard ? Nous le reconnaissons, en faisant toutefois nos réserves pour le *Barbatia* et pour les éditions imprimées par Parix et Etienne Clebat.

Mais, que de son côté M. D-.B. reconnaisse que Tolosa d'Espagne, quoique petite ville, n'ayant pas au delà de cinq mille habitants, comptait une ou deux imprimeries dans le quinzième siècle, puisque nombre de petites villes, des bourgs même, jouissaient à cette époque de cette faveur.

Que Henri Mayer y faisait rouler ses presses, ainsi

(1) J'adopte pleinement l'argument que M. Desbarreaux-Bernard tire des mots *juxta pontem veterem*, donnant pour raison que Tolosa n'a jamais eu de pont vieux et que Toulouse en a eu plusieurs, et même que la rue du *Pont-Vieux* existe toujours. Il est fâcheux que l'imprimeur ne se soit pas fait connaître. Pour suppléer à cette négligence, M. le docteur D.-B. pourrait faire des recherches dans les archives de Toulouse, chez les notaires de cette ville, consulter les matrices des rôles des contributions perçues à Toulouse en 1479, afin de parvenir à découvrir quel était l'imprimeur qui, à cette époque, avait son établissement auprès du pont vieux. Cette découverte serait d'une grande importance pour l'histoire de la typographie Toulousaine.

Je crois que M. Desbarreaux-Bernard pourra prendre désormais cet incunable pour base de ses arguments. Il doit lui en coûter d'autant moins de renoncer à la traduction française de l'*Imitation de J.-C.*, dont la date (1490) est d'ailleurs postérieure de onze ans à celle (1479) du premier incunable.

J'ajouterai même plus : c'est qu'on pourrait transporter au-dessous de cet article la première opinion que M. Brunet, dans les deux premières éditions de son *Manuel*, avait émise au sujet de cette traduction française de l'*Imitation*, et dire : «... La découverte de cet incunable « lève tous les doutes à cet égard, et assure à la ville de Toulouse « une place parmi celles qui ont vu exercer dans leur sein l'art typo- « graphique peu de temps après son introduction en France. »

qu'il est démontré par l'épître dédicatoire mise à la suite de la *Coronica de España* de 1489;

Et qu'ainsi toutes les éditions imprimées par Henri Mayer, sans exception, sortent de cette ville de Tolosa.

Ici, je clos le débat. Mon âge, très-avancé (j'ai dépassé le milieu de ma quatre-vingt-quatorzième année), m'interdit de continuer davantage. J'engage M. Desbarreaux-Bernard à en faire autant. Cela lui vaudra mieux que de s'obstiner à soutenir une cause désespérée, la négation d'imprimerie à Tolosa, dans le quinzième siècle, d'où il aurait découlé, conformément à son système, que l'impression de la traduction de l'*Imitation* n'aurait pu avoir lieu qu'à Toulouse.

Je le répète; si M. Desbarreaux-Bernard parvenait, par ses recherches, à faire connaître le nom de l'imprimeur qui a exécuté l'incunable *Arrestum querele de novis Dysaysinis. — Tholose, juxtà pontem veterum*, 1479, in 4º goth., cette découverte lui ferait plus d'honneur que de persister à refuser à la modeste Tolosa la petite portion de gloire d'avoir vu l'art de l'imprimere exercé chez elle à une époque aussi reculée.

...... *Hic* ...... *cestus artemque repono* (1).

(1) Virgile, *Æneid.*, liv. V., v. 484.

www.ingramcontent.com/pod-product-compliance
Lightning Source LLC
Chambersburg PA
CBHW060912050426
42453CB00010B/1674